AF275747

EL EVANGELIO DE LA RIQUEZA

Andrew Carnegie

EL EVANGELIO DE LA RIQUEZA

BIBLIOTECA NUEVA

Título original: *The Gospel of Wealth*

Riera de Sant Miquel, 30, sótano 3
08006 Barcelona
www.malpasoycia.com

ISBN: 978-84-19154-87-3
Depósito legal: B-12425-2024
Primera edición: 2024

Impresión: Arteos
Diseño de cubierta: Malpaso Holdings S. L.

Índice

Andrew Carnegie

Nacido en Dunfermline, Escocia, el 25 de noviembre de 1835, Andrew Carnegie fue el primer hijo de Margaret y William Carnegie, un tejedor de lino y líder local de los cartistas (movimiento que buscaba mejorar las condiciones políticas de la clase trabajadora en Gran Bretaña).

La familia Carnegie emigró a Estados Unidos en 1848 y se estableció en Allegheny, Pensilvania. Allí, a los trece años, Andrew comenzó a trabajar en una fábrica de algodón. Lector voraz, Carnegie aprovechó la generosidad de un ciudadano de Allegheny que abrió su biblioteca a los niños y jóvenes trabajadores. Los libros le proporcionaron la mayor parte de su educación, ya que pasó de la fábrica a operador de telégrafo, y hasta llegar a ser superintendente de la División Oeste del Ferrocarril de Pensilvania.

Mientras seguía empleado en el ferrocarril, Carnegie invirtió en una nueva empresa para fabricar coches cama para trenes. Siguió ampliando sus negocios con gran éxito, y en 1864 organizó la primera de sus muchas empresas, la Keystone Bridge Company, y en 1873, la primera de sus acerías. Esta prosperó tanto que, cuando se la vendió a J. P. Morgan en 1901, la Carnegie Steel Company estaba valorada en más de cuatrocientos millones de dólares.

La carrera filantrópica de Carnegie comenzó hacia 1870. Se le conoce sobre todo por sus donaciones de bibliotecas públicas gratuitas a más de 2.500 comunidades del mundo angloparlante. Carnegie creía que los ricos son meros fideicomisarios de su riqueza y tienen la obligación moral de invertirla de forma que promueva el bienestar y la felicidad del hombre. Como declaró: «El hombre que muere así de rico, muere deshonrado». Finalmente, Andrew Carnegie murió el 11 de agosto de 1919, en Lenox, Nueva York.

Esta edición

Los textos seleccionados para esta edición son dos artículos: «Riqueza» y «Los mejores campos para la filantropía», publicados por primera vez en *The North American Review*. El primero apareció en junio de 1889, en el volumen 148, n.º 391, pp. 653-664. El segundo vio la luz en diciembre del mismo año, en el volumen 149, n.º 397, pp. 682-698.

A menos que se señale, todas las notas al pie pertenecen al editor.

El texto que se ha utilizado para la presente traducción es el publicado bajo el título de *The Gospel of Wealth*, por la Carnegie Corporation of New York, en 2017, el cual reproduce con ligeras modernizaciones el texto publicado originalmente en 1889.

Fundada en Boston en 1815, *The North American Review* fue la primera revista literaria y cultural estadounidense, además de una de las más influyentes del país. Comenzó como una revista regional y creció en tamaño e influencia hasta convertirse en una publicación nacional, editada por personalidades tan conocidas como Charles Eliot Norton, James Russell Lowell y Henry Adams. Algunas de las figuras literarias más relevantes que escribieron para la revista fueron Joseph Conrad, Henry James, John Steinbeck, Mark Twain, HG Wells y Walt Whitman, entre otros.

Riqueza

El problema de nuestra época es la correcta administración de la riqueza, para que los lazos de la fraternidad sigan uniendo a ricos y pobres en una relación armoniosa. Las condiciones de la vida humana no solo han cambiado, sino que se han revolucionado en los últimos cientos de años. Antiguamente, había poca diferencia entre la vivienda, el vestido, la comida y el entorno del jefe y los de sus criados. Los indios están hoy donde antes estaba el hombre civilizado. Cuando visité a los sioux, me llevaron al *wigwam*[1] del jefe. Era igual a las demás en apariencia externa, e incluso en el interior la diferencia era insignificante entre ella y las de los más pobres de sus valientes. El contraste entre el palacio del millonario y la cabaña del trabajador que tenemos hoy en día mide el cambio que ha llegado con la civilización.

Este cambio, sin embargo, no debe ser deplorado, sino acogido como altamente beneficioso. Es bueno, es más, es esencial para el progreso de la humanidad, que las casas de algunos sean hogares para todo lo más elevado y mejor de la literatura y las artes, y para todos los refinamientos de la civilización, en lugar de que ninguna lo sea. Mucho mejor esta gran irregularidad que la miseria universal. Sin riqueza no puede haber Mecenas. Los «viejos buenos tiempos» no eran buenos tiempos. Ni amo ni criado estaban tan bien situados

[1] *Wigwam*: Vivienda cupulada de una sola estancia usada por ciertas culturas nativas norteamericanas.

entonces como hoy. Una recaída en las viejas condiciones sería desastrosa para ambos —sobre todo para el que sirve— y arrasaría a la civilización. Pero ya sea para bien o para mal, el cambio está sobre nosotros, más allá de nuestro poder de alteración, y, por lo tanto, debe ser aceptado y aprovechado al máximo. Es una pérdida de tiempo criticar lo inevitable.

Es fácil ver cómo se ha producido el cambio. Una ilustración servirá para casi todas las fases de la causa. En la fabricación de productos tenemos toda la historia. Se aplica a todas las combinaciones de la industria humana, estimuladas y ampliadas por las invenciones de esta era científica. Antiguamente, los artículos se fabricaban en el hogar o en pequeños talleres que formaban parte de la casa. El maestro y sus aprendices trabajaban codo con codo, viviendo estos últimos con el maestro y, por tanto, sometidos a las mismas condiciones. Cuando estos aprendices se convertían en maestros, apenas cambiaba su modo de vida, y ellos, a su vez, educaban en la misma rutina a los aprendices sucesivos. Existía, sustancialmente, igualdad social, e incluso igualdad política, ya que los que se dedicaban a actividades industriales tenían entonces poca o ninguna voz política en el Estado.

Pero el resultado inevitable de tal modo de fabricación eran artículos toscos a precios elevados. Hoy en día, el mundo obtiene artículos de excelente calidad a precios que incluso la generación precedente habría considerado increíbles. En el mundo comercial, causas similares han producido resultados similares, y la humanidad se ha beneficiado de ello. Los pobres disfrutan de lo que antes no podían permitirse los ricos. Lo que antes eran lujos hoy se han convertido en necesidades vitales. El obrero tiene ahora más comodidades que las que tenía el agricultor hace algunas generaciones. El campesino tiene más lujos que el terrateniente, y está mejor vestido y alojado. El terrateniente tiene libros y cuadros más raros, y citas más artísticas, de lo que el rey podía obtener entonces.

El precio que pagamos por este cambio saludable es, sin duda, grande. Reunimos a miles de operarios en la fábrica, en la mina y en la casa de contabilidad, de los que el empresario puede saber poco o nada, y para los que el empresario es poco más que un mito. Ahí se acaba toda relación entre ellos. Se forman castas rígidas y, como de costumbre, la ignorancia mutua engendra desconfianza mutua. Cada casta no siente simpatía por la otra y está dispuesta a dar crédito a cualquier cosa que la menosprecie. En virtud de la ley de la competencia, el empleador de miles de personas se ve obligado a realizar las economías más estrictas, entre las que ocupan un lugar destacado las tarifas pagadas a la mano de obra, y a menudo se producen fricciones entre el empleador y el empleado, entre el capital y la mano de obra, entre ricos y pobres. La sociedad humana pierde homogeneidad.

El precio que la sociedad paga por la ley de la competencia, como el precio que paga por las comodidades y lujos baratos, es también grande; pero las ventajas de esta ley son aún mayores, porque a ella debemos nuestro maravilloso desarrollo material, que trae consigo mejores condiciones. Pero, tanto si la ley es benigna como si no lo es, debemos decir de ella lo mismo que decimos del cambio en las condiciones de los hombres a que nos hemos referido: está aquí; no podemos eludirla; no se han encontrado sustitutos para ella; y aunque la ley puede ser a veces dura para el individuo, es mejor para la humanidad, porque asegura la supervivencia de los más aptos en todos los departamentos. Aceptamos y acogemos, por tanto, como condiciones a las que debemos acomodarnos, la gran desigualdad del entorno, la concentración de los negocios, industriales y comerciales, en manos de unos pocos, y la ley de la competencia entre estos, por ser no solo beneficiosas, sino esenciales para el futuro progreso de la sociedad. Una vez aceptados estos principios, se deduce que debe haber un gran margen para el ejercicio de una habilidad especial en el comerciante y en el fabricante que tiene que dirigir asuntos a gran escala. Que este talento para la organización y la gestión es raro entre los hombres lo prueba el hecho de que invariablemente asegura a su poseedor enormes recompensas, no importa dónde o bajo qué leyes o condiciones. Los experimentados en asuntos siempre valoran al hombre cuyos servicios pueden obtenerse como socio no solo como primera opción, sino como para que la cuestión de su capital apenas merezca consideración, pues tales hombres pronto crean capital; mientras que, sin el talento especial requerido, el capital pronto desaparece. Tales hombres se interesan en firmas o corporaciones que usan millones; y estimando solamente el interés simple a ganar sobre el capital invertido, es inevitable que sus ingresos excedan sus gastos, y que deban acumular riqueza. Tampoco hay un término medio que tales hombres puedan ocupar, porque la gran empresa manufacturera o comercial que no gana al menos intereses sobre su capital pronto se encuentra en bancarrota. O avanza o se queda atrás: quedarse quieto es imposible. Es una condición esencial para su buen funcionamiento que sea rentable, e incluso que, además del interés sobre el capital, obtenga beneficios. Es una ley, tan cierta como cualquiera de las otras mencionadas, que los hombres que poseen este talento peculiar para los negocios, bajo el libre juego de las fuerzas económicas, deben, por necesidad, recibir pronto más ingresos de los que pueden gastar juiciosamente en sí mismos; y, como las otras, esta ley es beneficiosa para la humanidad.

Las objeciones a los fundamentos sobre los que se basa la sociedad no están en orden, porque la condición de la humanidad es mejor con estos que con cualquier otro que se haya probado. No podemos estar seguros del efecto de los nuevos sustitutos propuestos. El socialista o anarquista que intente cambiar las condiciones actuales debe ser considerado como un agresor a los cimientos sobre los que descansa la civilización misma, porque esta comenzó el día en que el trabajador capaz y laborioso dijo a su compañero incompetente y perezoso: «Si no siembras, no recogerás», y así acabó con el comunismo primitivo al separar los zánganos de las abejas obreras. Quien estudie este tema pronto se encontrará cara a cara con la conclusión de que del carácter sagrado de la propiedad depende la propia civilización: el derecho del obrero a sus cien dólares en la caja de ahorros, e igualmente el derecho legal del millonario a sus millones. A los que proponen sustituir este intenso individualismo por el comunismo, la respuesta, por tanto, es: la humanidad ya lo ha intentado. Todo el progreso desde aquel día bárbaro hasta el presente ha resultado de su desplazamiento. No el mal, sino el bien, ha venido a la humanidad de la acumulación de riqueza por aquellos que tienen la habilidad y la energía que la producen. Pero incluso si admitimos por un momento que podría ser mejor para la civilización descartar su fundamento actual, el individualismo —que es un ideal más noble que el hombre debe trabajar, no solo para sí mismo, sino en y para una hermandad de sus semejantes, y compartir con ellos todo en común, realizando la idea de Swedenborg del cielo, donde, como él dice, los ángeles derivan su felicidad, no de trabajar para sí mismos, sino para cada uno de los demás, incluso admitir todo esto, y una respuesta suficiente es: esto no es evolución, sino revolución— requiere el cambio de la propia naturaleza humana, un trabajo de eones, incluso si fuera bueno cambiarla, cosa que no podemos saber. No es practicable en nuestros días ni en nuestra época. Incluso si fuera teóricamente deseable, pertenece a otro estrato sociológico muy anterior. Nuestro deber es con lo que es practicable ahora; con el siguiente paso posible en nuestro día y generación. Es criminal malgastar nuestras energías en esforzarnos por desarraigar, cuando todo lo que podemos lograr provechosa o posiblemente es doblar un poco el árbol universal de la humanidad en la dirección más favorable a la producción de buenos frutos en las circunstancias existentes. Lo mismo podríamos instar a la destrucción del tipo más elevado de hombre existente porque no alcanzó nuestro ideal, que favorecer la destrucción del individualismo, de la propiedad privada, de la ley de acumulación de la riqueza y de la ley de la competencia; porque estos son los resultados más elevados de la experiencia humana, el terreno en el que la sociedad ha producido hasta ahora los mejores frutos. Desigual o injustamente, tal vez, como estas leyes operan a veces, e imperfectas como parecen al idealista, son, sin embargo, como el más alto tipo de hombre, lo mejor y más valioso de todo lo que la humanidad ha logrado hasta ahora.

Empezamos, pues, con una situación en la que se promueven los mejores intereses de la humanidad, pero que inevitablemente da riqueza a unos pocos. Hasta aquí, aceptando las condiciones como existen, la situación puede ser analizada y declarada buena. Surge entonces la pregunta —y, si lo anterior es correcto, es la única pregunta con la que tenemos que tratar— «¿Cuál es el modo apropiado de administrar la riqueza después de que las leyes sobre las que se funda la civilización la han puesto en manos de unos pocos?». Y es esta gran pregunta que creo ofrecer la verdadera solución. Se comprenderá que aquí se habla de fortunas, no de sumas moderadas ahorradas por muchos años de esfuerzo, cuyos rendimientos son necesarios para el mantenimiento confortable y la educación de las familias. Esto no es riqueza, sino solo competencia, que debería ser el objetivo de todos adquirir.

Solo hay tres formas de disponer de los excedentes de riqueza. Puede dejarse a las familias de los fallecidos; o puede legarse para fines públicos; o, por último, puede ser administrada en vida por sus poseedores. La mayor parte de la riqueza mundial que ha llegado a unos pocos ha sido aplicada hasta ahora bajo la primera y la segunda modalidad. Consideremos sucesivamente cada uno de estos modos. El primero es el más imprudente. En los países monárquicos, las propiedades y la mayor parte de la riqueza se dejan al primer hijo, para que la vanidad del padre se vea gratificada por la idea de que su nombre y su título han de descender intactos a las generaciones venideras. La condición de esta clase en la Europa de hoy enseña la futilidad de tales esperanzas o ambiciones. Los sucesores se han empobrecido por sus locuras o por la caída del valor de la tierra. Incluso en Gran Bretaña, la estricta ley de vinculación ha resultado inadecuada para mantener el estatus de una clase hereditaria. Sus propiedades están pasando rápidamente a manos de extraños. Bajo las instituciones republicanas, la división de la propiedad entre los hijos es mucho más justa, pero la pregunta que se impone a los hombres reflexivos en todas las tierras es: ¿Por qué los hombres deben dejar grandes fortunas a sus hijos?

Si esto se hace por afecto, ¿no es un afecto equivocado? La observación enseña que, en general, no es bueno para los niños que se les imponga esta carga. Tampoco es bueno para el Estado. Más allá de proporcionar a la esposa y a las hijas fuentes moderadas de ingresos, y subsidios muy moderados, si los hay, para los hijos, los hombres pueden dudar, porque ya no es cuestionable que las grandes sumas legadas a menudo perjudican más que benefician a los receptores. Los hombres sabios pronto llegarán a la conclusión de que, para los mejores intereses de los miembros de sus familias y del Estado, tales legados son un uso impropio de sus medios.

No se sugiere que los hombres que no han educado a sus hijos para que se ganen la vida los dejen a la deriva en la pobreza. Si algún hombre ha considerado oportuno criar a sus hijos con vistas a que vivan vidas ociosas, o lo que es muy loable, les ha inculcado el sentimiento de que están en condiciones de trabajar para fines públicos sin referencia a consideraciones pecuniarias; entonces, por supuesto, el deber de los padres es velar por que se les proporcione con moderación. Hay casos de hijos de millonarios no manchados por la riqueza que, siendo ricos, prestan grandes servicios a la comunidad. Estos son la sal de la tierra, tan valiosos como, por desgracia, raros; sin embargo, no es la excepción, sino la regla, lo que los hombres deben considerar, y, mirando el resultado habitual de las enormes sumas conferidas a los legatarios, el hombre reflexivo debe decir, en breve, «tan pronto dejaría a mi hijo una maldición como el todopoderoso dólar», y admitir que no es el bienestar de los hijos, sino el orgullo familiar, lo que inspira estos enormes legados.

En cuanto al segundo modo, el de dejar riqueza al morir para usos públicos, puede decirse que es solo un medio para disponer de la riqueza, siempre que un hombre se contente con esperar a morir antes de que sea de mucho bien en el mundo. El conocimiento de los resultados de los legados no está calculado para inspirar las más brillantes esperanzas de que se logre mucho bien póstumo. No son pocos los casos en que no se alcanza el verdadero objeto buscado por el testador, ni son pocos los casos en que se frustran sus verdaderos deseos. En muchos casos, los legados se utilizan de tal manera que se convierten en monumentos de su locura. Es bueno recordar que se requiere el ejercicio de no menos habilidad que la que adquirió la riqueza para usarla de manera que sea realmente beneficiosa para la comunidad. Además de esto, puede decirse con justicia que ningún hombre debe ser alabado por hacer lo que no puede evitar hacer, ni debe ser agradecido por la comunidad a la que solo lega riqueza al morir. Los hombres que dejan grandes sumas de dinero de esta manera pueden ser considerados personas que no las habrían dejado si hubieran podido llevárselas consigo. Su memoria no puede ser recordada con gratitud, porque no hay gracia en sus dones. No es de extrañar que tales legados parezcan tan generalmente carentes de bendición.

La creciente disposición a gravar cada vez más los grandes patrimonios dejados al morir es un indicio alentador del crecimiento de un cambio saludable en la opinión pública. El estado de Pensilvania toma ahora —con algunas excepciones— una décima parte de la propiedad dejada por sus ciudadanos. El presupuesto presentado el otro día en el Parlamento británico propone aumentar el impuesto sobre sucesiones y, lo que es más significativo, el nuevo impuesto será gradual. De todas las formas de tributación, esta parece la más sabia. Los hombres que siguen atesorando grandes sumas durante toda su vida, cuyo uso adecuado para fines públicos redundaría en beneficio de la comunidad, deberían sentir que esta, en forma de Estado, no puede verse privada de la parte que le corresponde. Al gravar fuertemente los bienes al morir, el Estado condena la vida indigna del millonario egoísta.

Es deseable que las naciones vayan mucho más lejos en esta dirección. De hecho, es difícil poner límites a la parte del patrimonio de un hombre rico que debe ir a su muerte al público a través de la agencia del Estado, y por todos los medios tales impuestos deben ser graduados, comenzando en nada en sumas moderadas a los dependientes, y aumentando rápidamente a medida que las cantidades se hinchan, hasta que de la acumulación del millonario, como de Shylock, al menos «La otra mitad / Viene a la caja privada del Estado».[2]

Esta política funcionaría poderosamente para inducir al hombre rico a ocuparse de la administración de la riqueza durante su vida, que es el fin que la sociedad debería tener siempre en vista, por ser con mucho el más fructífero para el pueblo. Tampoco hay que temer que esta política debilite la raíz de la empresa y haga que los hombres estén menos ansiosos por acumular, ya que para la clase cuya ambición es dejar grandes fortunas y que se hable de ellas después de su muerte, atraerá aún más la atención, y, de hecho, será una ambición algo más noble que se paguen al Estado enormes sumas de sus fortunas.

No queda, pues, más que un modo de utilizar las grandes fortunas; pero en este tenemos el verdadero antídoto para la desigual distribución temporal de la riqueza, la reconciliación de ricos y pobres —un reino de armonía—, otro ideal que difiere, ciertamente, del comunista, en que solo requiere una mayor evolución de las condiciones existentes, no el derrocamiento total de nuestra civilización. Se basa en el individualismo actual más intenso, y la humanidad está preparada para ponerlo en práctica gradualmente cuando le plazca. Bajo su dominio, tendremos un estado ideal, en el que la riqueza excedente de unos pocos se convertirá, en el mejor sentido, en propiedad de la mayoría, porque se administra para el bien común, y esta riqueza, pasando por las manos de unos pocos, puede convertirse en una fuerza mucho más potente para la elevación de nuestra civilización

2 «The other half / Comes to the privy coffer of the state», palabras que le dirige Porcia a Shylock, en el acto IV, escena I de *El mercader de Venecia*, de William Shakespeare.

que si se hubiera distribuido en pequeñas sumas entre el pueblo mismo. Incluso los más pobres pueden darse cuenta de esto y estar de acuerdo en que las grandes sumas reunidas por algunos de sus conciudadanos y gastadas para fines públicos, de los que las masas obtienen el principal beneficio, son más valiosas para ellos que si se distribuyen entre ellos a lo largo de muchos años en cantidades insignificantes.

Si consideramos los resultados que se derivan del Instituto Cooper, por ejemplo, para la mejor parte de la población de Nueva York que no posee medios, y los comparamos con los que habrían surgido para el bien de las masas de una suma igual distribuida por el Sr. Cooper[3] en su vida en forma de salarios, que es la forma más alta de distribución, por el trabajo realizado y no por caridad, podemos hacer una estimación de las posibilidades para la mejora de la sociedad que yacen incrustadas en la actual ley de la acumulación de riqueza. Gran parte de esta suma, si se hubiera distribuido en pequeñas cantidades entre el pueblo, se habría desperdiciado en la indulgencia del apetito, parte de ella en exceso, y puede dudarse incluso de si la parte mejor empleada, la de aumentar las comodidades del hogar, habría producido resultados para la humanidad, como humanidad, comparables a los que fluyen y fluirán del Instituto Cooper de generación en generación. Que el defensor del cambio violento o radical reflexione bien sobre este pensamiento.

Podríamos incluso ir tan lejos como para tomar otro ejemplo, el del legado del Sr. Tilden[4] de cinco millones de

3 Peter Cooper (1791-1883): Inventor, fabricante y filántropo estadounidense fundador de la Cooper Union for the Advancement of Science and Art de Nueva York (fundada en 1859), universidad creada en sus inicios con el objetivo de ofrecer clases prácticas gratuitas en ciencias y artes mecánicas para personas de clase trabajadora.

4 Samuel J. Tilden (1814-1886): Abogado y político estadounidense, gobernador de Nueva York (1875-1876) y perdedor en las reñidas elecciones presidenciales estadounidenses de 1876. Tilden dejó su considerable fortuna para fundar una biblioteca pública gratuita en la ciudad de Nueva York, pero el testamento fue impugnado con éxito ante los tribunales por

dólares para una biblioteca gratuita en la ciudad de Nueva York, pero al referirnos a esto uno no puede evitar decir, involuntariamente, cuánto mejor si el Sr. Tilden hubiera dedicado los últimos años de su propia vida a la correcta administración de esta inmensa suma; en cuyo caso, ni la disputa legal ni ninguna otra causa de retraso podrían haber interferido con sus objetivos. Pero supongamos que los millones del Sr. Tilden se convierten finalmente en el medio de dar a esta ciudad una noble biblioteca pública, donde los tesoros del mundo contenidos en los libros estarán abiertos a todos para siempre, sin dinero y sin precio. Considerando el bien de esa parte de la población que se congrega en la isla de Manhattan y sus alrededores, ¿se habría promovido mejor su beneficio permanente si se hubiera permitido que esos millones circularan en pequeñas sumas por las manos de las masas? Incluso el más enérgico defensor del comunismo debe albergar una duda sobre este tema. La mayoría de los que piensan probablemente no tendrán ninguna duda.

Pobres y restringidas son nuestras oportunidades en esta vida; estrecho nuestro horizonte; nuestro mejor trabajo el más imperfecto; pero los hombres ricos deben estar agradecidos por una inestimable bendición. Ellos tienen en su poder, durante sus vidas, el ocuparse en organizar beneficencias de las cuales las masas de sus semejantes obtendrán ventajas duraderas, y así dignificarán sus propias vidas. Es probable que la vida más elevada se alcance, no imitando la vida de Cristo como lo hace el conde Tolstoi,[5] sino, aunque animados por el espíritu de Cristo, reconociendo las nuevas condiciones de esta época y adoptando modos de expresar este espíritu adecuados a las nuevas condiciones

---

sus familiares. Al final, se destinaron cinco millones de dólares a crear el Tilden Trust, fondo que propició la creación en 1895 de la Biblioteca Pública de Nueva York.

[5] León Tolstoi (1828-1910): Novelista ruso; sufrió una profunda crisis y transformación espiritual y religiosa tras la publicación de su novela *Anna Karenina* (1878).

en que vivimos; trabajando todavía por el bien de nuestros semejantes, que era la esencia de su vida y de sus enseñanzas, pero trabajando de una manera diferente.

Este es, pues, el deber del hombre rico: primero, dar ejemplo de una vida modesta y sin ostentación, evitando el alarde o la extravagancia; proveer moderadamente a las legítimas necesidades de aquellos que dependen de él; y después de hacerlo, considerar todos los ingresos excedentes que le lleguen simplemente como fondos fiduciarios, que está llamado a administrar, y estrictamente obligado, como cuestión de deber, a administrar de la manera que, a su juicio, esté mejor calculada para producir los resultados más beneficiosos para la comunidad, convirtiéndose así el hombre rico en mero agente y fideicomisario de sus hermanos más pobres, aportando a su servicio su superior sabiduría, experiencia y habilidad para administrar, haciendo por ellos mejor de lo que ellos harían o podrían hacer por sí mismos.

Nos encontramos aquí con la dificultad de determinar qué son sumas moderadas para dejar a los miembros de la familia; qué es una vida modesta y sin ostentación; cuál es la prueba de la extravagancia. Debe haber diferentes normas para diferentes condiciones. La respuesta es que es tan imposible nombrar cantidades o acciones exactas como lo es definir las buenas maneras, el buen gusto o las reglas de corrección; pero, sin embargo, se trata de verdades, bien conocidas aunque indefinibles. El sentimiento público se apresura a conocer y sentir lo que las ofende. Lo mismo ocurre con la riqueza. Aquí se aplica la regla del buen gusto en el vestir de hombres y mujeres. Todo lo que hace a uno llamativo ofende al canon. Si una familia es conocida principalmente por la ostentación, por la extravagancia en el hogar, en la mesa, en el vehículo, por las enormes sumas gastadas ostentosamente en cualquier forma en sí misma, si estas son sus principales distinciones, no tenemos ninguna dificultad en estimar su naturaleza o cultura. Lo mismo ocurre con el uso o abuso de su riqueza excedente, o con la cooperación generosa y gratuita en buenos usos públicos, o con los esfuerzos incesantes por acumular y atesorar hasta el final, ya sea que administren o leguen. El veredicto corresponde al mejor y más ilustrado sentimiento público. La comunidad seguramente juzgará, y sus juicios no se equivocarán a menudo.

Ya se han indicado los mejores usos que pueden darse a los excedentes de riqueza. Aquellos que quieran administrarlos sabiamente deben, en efecto, ser sabios, porque uno de los graves obstáculos para la mejora de nuestra sociedad es la caridad indiscriminada. Sería mejor para la humanidad que los millones de los ricos fuesen arrojados al mar que gastados de tal modo que alentasen a los perezosos, a los borrachos, a los indignos. De cada mil dólares gastados hoy en la llamada caridad, es probable que novecientos cincuenta sean gastados imprudentemente; tan gastados, de hecho, que producen los mismos males que se proponen mitigar o curar. Un conocido escritor de libros filosóficos admitió el otro día que había dado un cuarto de dólar a un hombre que se le acercó cuando iba a visitar la casa de su amigo. No sabía nada de los hábitos de este mendigo; no sabía el uso que se haría de este dinero, aunque tenía todas las razones para sospechar que se gastaría indebidamente. Este hombre profesaba ser discípulo de Herbert Spencer;[6] sin embargo, el cuarto de dólar que dio aquella noche probablemente hará más daño que todo el dinero que su irreflexivo donante podrá jamás dar en verdadera caridad. Solo gratificó sus propios sentimientos, se ahorró disgustos, y esta fue probablemente una de las acciones más egoístas y peores de su vida, pues en todos los aspectos es muy digno.

Al otorgar caridad, la consideración principal debe ser ayudar a aquellos que se ayudarán a sí mismos; proporcionar parte de los medios por los cuales aquellos que desean mejorar puedan hacerlo; dar a aquellos que desean ascender

[6] Herbert Spencer (1820-1903): Sociólogo inglés, conocido por aplicar la teoría de la evolución de Darwin a una amplia gama de campos, como la sociología, la psicología, la economía política, la filosofía y la ética.

las ayudas por las cuales puedan ascender; ayudar, pero rara vez o nunca hacerlo todo. Ni el individuo ni la humanidad mejoran con la limosna. Los dignos de ayuda, excepto en raras ocasiones, requieren asistencia. Los hombres realmente valiosos de la sociedad nunca lo hacen, excepto en casos de accidente o cambio repentino. Todo el mundo tiene, por supuesto, casos de individuos traídos a su propio conocimiento donde la ayuda temporal puede hacer un bien genuino, y estos no los pasará por alto. Pero la cantidad que el individuo puede dar sabiamente a los individuos está necesariamente limitada por su falta de conocimiento de las circunstancias relacionadas con cada uno. Es el único reformador verdadero que es tan cuidadoso y está tan ansioso de no ayudar a los indignos como de ayudar a los dignos, y, tal vez, incluso más, porque en la limosna probablemente se hace más daño recompensando el vicio que aliviando la virtud.

El hombre rico se ve así casi limitado a seguir los ejemplos de Peter Cooper; Enoch Pratt,[7] de Baltimore; Mr. Pratt,[8] de Brooklyn; el senador Stanford[9] y otros, que saben que el mejor medio de beneficiar a la comunidad es poner a su alcance las escaleras por las que los aspirantes pueden ascender: parques y medios de recreo que ayuden a los hombres en cuerpo y mente; obras de arte que den placer y mejoren el gusto del público; e instituciones públicas de diversos tipos que mejoren la condición general del pueblo; devolviendo así su riqueza excedente a la masa de sus semejantes en las formas mejor calculadas para hacerles un bien duradero.

[7] Enoch Pratt (1808-1896): Hombre de negocios y filántropo estadounidense. Realizó una donación para la creación de la Enoch Pratt Free Library, inaugurada en Baltimore, Maryland, en 1886.

[8] Charles Pratt (1830-1891): Magnate petrolero estadounidense y fundador del Instituto Pratt, inaugurado en Brooklyn, Nueva York, en 1887.

[9] Leland Stanford (1824-1893): Magnate estadounidense del ferrocarril, gobernador de California (1861-1863), senador (1885-1893) y fundador de la Universidad de Stanford, que abrió sus puertas en Stanford, California (junto a Palo Alto), en 1891.

Así se resolverá el problema de los ricos y los pobres. Las leyes de la acumulación quedarán libres; las leyes de la distribución, también. El individualismo continuará, pero el millonario no será más que un fideicomisario de los pobres; se le confiará por un tiempo una gran parte de la creciente riqueza de la comunidad, pero la administrará para esta mucho mejor de lo que podría o habría hecho por sí misma. Las mejores mentes habrán llegado así a una etapa en el desarrollo de la humanidad en la que se vea claramente que no hay modo de disponer de la riqueza excedente que sea digno de crédito para los hombres reflexivos y serios en cuyas manos fluye, excepto utilizándola año tras año para el bien general. Este día ya amanece. Pero dentro de poco, y aunque, sin incurrir en la compasión de sus semejantes, los hombres pueden morir siendo partícipes de grandes empresas comerciales de las que su capital no puede ser o no ha sido retirado, y se deja principalmente a la muerte para usos públicos; sin embargo, el hombre que muere dejando tras de sí millones de riqueza disponible, que era suya para administrar durante la vida, pasará «sin llorar, sin honrar y sin cantar»,[10] no importa a qué usos deje la escoria que no puede llevarse con él. El veredicto público será entonces: «El hombre que muere así de rico, muere deshonrado». Tal es, en mi opinión, el verdadero evangelio relativo a la riqueza, cuya obediencia está destinada a resolver algún día el problema de los ricos y los pobres, y a traer «paz en la tierra, entre los hombres de buena voluntad».[11]

[10] «Unwept, unhonored, and unsung», palabras extraídas del canto VI del poema *El canto del último trovador* (1805), del escocés Sir Walter Scott (1771-1832).

[11] Lc 2, 14.

Los mejores campos para la filantropía

La acogida dispensada al primer artículo sobre este tema, al que nuestro llorado amigo, el difunto editor y propietario de esta revista, tuvo el placer de dar el primer lugar en el número de junio, ha sido muy alentador para su autor, como seguramente lo habría sido para el editor si se le hubiera dado la oportunidad, ya que estaba profundamente interesado en el tema. Como muestra de la incansable atención que el Sr. Rice[12] prestaba a sus deberes editoriales, puede permitirse decir que el manuscrito le llegó por la mañana, y a última hora de la tarde del mismo día llamó para decir que le agradaba tanto que había decidido publicarlo en el próximo número, en lugar de dejarlo para el número siguiente, como había sido su intención. Cuando se le instó a retrasar la publicación, para dar tiempo a la revisión, se negó. Si hubiera accedido, desgraciadamente habría tenido que ser otro el padrino de mis pensamientos. Solo una

[12] Allen Thorndike Rice (1851-1889): Periodista estadounidense que compró *The North American Review* en 1876, convirtiendo rápidamente la revista en una rentable publicación de importancia nacional e incluso internacional. Hombre de gran talento e intereses muy variados, Rice también editó un popular libro titulado *Reminiscences of Abraham Lincoln by Distinguished Men of His Time*. Nombrado embajador de Estados Unidos en Rusia por el presidente Benjamin Harrison, Rice murió repentinamente en Nueva York la víspera de su partida para asumir el cargo.

semana y nuestro amigo descansaba; su guerra había terminado. Había desempeñado bien su papel en la vida; y, sin embargo, ¡qué poco se le echa de menos en la marcha! La humanidad avanza lentamente como antes; otro se levanta para ocupar el lugar vacante; *The North American Review* brilla, una lámpara todavía encendida, para mostrar al gran ejército de la humanidad los escollos que debe evitar para conservar lo que ya ha sido conquistado, y para iluminar los caminos que ese ejército debe recorrer en su camino hacia futuras conquistas. A la muerte del Sr. Rice tenemos otra prueba de que, en el progreso de la humanidad, las personas son poco o nada; la humanidad lo es todo.

> El individuo se marchita, y el mundo es cada vez mayor.[13]

Y, sin embargo, es mucho para mí que probablemente el último manuscrito que nuestro amigo leyó, valoró y publicó fue *Riqueza*. Tal vez sus lectores me perdonen por recordar un incidente relacionado con nuestra última entrevista. Sentado en mi biblioteca, el Sr. Rice expresó su deseo de oír al autor leer su manuscrito. Yo leí y él escuchó de principio a fin, sin hacer más que una interrupción. Cuando se leyó el pasaje que afirmaba que, de cada mil dólares que se gastan hoy en la llamada caridad, probablemente novecientos se gastan imprudentemente, exclamó: «¡Sí, novecientos cincuenta! ¡Que sean novecientos cincuenta!». Y así se hizo. No puedo pasar sin rendir homenaje a Allen Thorndike Rice. Haberle conocido es una de las fuentes de las que a veces brotan dulces recuerdos, cuando estamos libres del estruendo y el bullicio de la vida.

Aunque *Riqueza* ha tenido así una acogida cordial a este lado del Atlántico, es natural que en la madre patria haya atraído la mayor atención, porque la civilización más antigua

[13] «Locksley Hall», poema escrito por Alfred Tennyson en 1835 y publicado en su colección de poemas de 1842.

se enfrenta ahora más claramente a las cuestiones socialistas. El contraste entre las clases y las masas, entre ricos y pobres, no es todavía tan agudo en este vasto, fértil continente en desarrollo, con menos de veinte personas por milla cuadrada, como en la pequeña y atestada Gran Bretaña, con quince veces ese número y ningún territorio desocupado. Tal vez *The Pall Mall Gazette*, en su edición del 5 de septiembre, exprese de la manera más concisa las objeciones que se han planteado a lo que los ingleses se han complacido en llamar *El evangelio de la riqueza*. Dice:

> Las grandes fortunas, expresa el Sr. Carnegie, son grandes bendiciones para una comunidad, porque con ellas se pueden hacer tales y tales cosas. Bueno, pero también son una gran maldición, porque tales y tales cosas se hacen con ellas. La prédica del Sr. Carnegie, en otras palabras, está totalmente viciada por la práctica del Sr. Benzon. *El evangelio de la riqueza* es arruinado por los actos.[14]

A esto, la respuesta parece obvia: el evangelio del cristianismo también es arruinado por los actos. La misma objeción que se esgrime contra el evangelio de la riqueza se opone al mandamiento «No robarás». No es un argumento en contra de un evangelio que no se cumpla; de hecho, es un argumento a su favor, porque un evangelio debe ser más elevado que la norma imperante. No es un argumento en contra de una ley que sea quebrantada: en esa desobediencia radica la razón para hacer y mantener la ley; la ley que nunca debe ser quebrantada nunca es exigida.

[14] Henry Ernest Schlesinger Benzon (1866-1911): Hijo despilfarrador de un próspero fundidor de hierro inglés. Fue un jugador, jinete y celebridad, más conocido por el apodo de «Jubilee Plunger». Orgulloso de sus hazañas, llegó a escribir un libro en 1889, *How I Lost £250000 in Two Years*, donde las relataba, mientras estaba encarcelado por deudas. La extravagancia de Benzon era legendaria: una de sus costumbres era no vestir nunca la misma camisa dos veces.

Sin duda, el incidente más notable en relación con *El evangelio de la riqueza* es que tuvo la suerte de atraer la atención del Sr. Gladstone,[15] y dio lugar a la siguiente nota de él:

> He pedido amablemente al Sr. Lloyd Bryce (*The North American Review*) que permita la reedición en este país del interesantísimo artículo «Riqueza», del Sr. Andrew Carnegie, que acaba de aparecer en América.

El artículo se publicó en varios periódicos y revistas, y un editor emprendedor lo editó en forma de folleto. Ahora se vende en Gran Bretaña por un penique.

Todo esto es muy alentador, ya que demuestra que la sociedad es consciente del gran problema que se plantea y se muestra receptiva. Su petición, señor editor, de que continúe con el tema y señale los mejores campos para el uso del excedente de riqueza, puede ser tomada como una prueba más de que, tanto si las ideas promulgadas son recibidas como si son rechazadas, al menos es seguro que serán escuchadas.

Antes de entrar en la cuestión que usted ha propuesto, puede ser ventajoso volver a exponer las posiciones adoptadas en el documento anterior, en beneficio de aquellos que no lo hayan leído o que no puedan consultarlo convenientemente. Se asumió que las leyes actuales de competencia, acumulación y distribución son las mejores condiciones que se pueden obtener; que, a través de ellas, la sociedad recibe sus frutos más valiosos; y, por lo tanto, que deben ser aceptadas y mantenidas. Bajo estas se sostenía que las grandes riquezas debían afluir inevitablemente a las manos de unos pocos gestores excepcionales de hombres. Se planteaba entonces la cuestión de qué debían hacer estos con sus excedentes de riqueza, y *El evangelio de la riqueza* sostenía

[15] William Ewart Gladstone (1809-1898): Político y estadista británico, fue líder del Partido Liberal y primer ministro de Reino Unido en cuatro gobiernos, de 1868 a 1894.

que los excedentes de riqueza debían ser considerados como un fideicomiso sagrado, que debía ser administrado durante la vida de sus propietarios, por ellos como fideicomisarios, para el mayor bien de la comunidad en la que y de la que habían sido adquiridos.

Se señaló que solo había tres modos de disponer de los excedentes de riqueza, y dos de ellos se consideraron impropios. En primer lugar, se sostuvo que dejar grandes fortunas a los hijos no demostraba verdadero afecto por ellos ni interés en su bien genuino, considerados como individuos o como miembros del Estado; que no era el bienestar de los hijos, sino el orgullo de los padres, lo que inspiraba enormes legados, y que, al observar los resultados habituales de las vastas sumas conferidas a los hijos, el hombre reflexivo se vería obligado a decir, si se considerara únicamente el bien del hijo: «Tan pronto dejaría a mi hijo una maldición como le dejaría el todopoderoso dólar».

La segunda posibilidad que se ofrece a los hombres es la de acumular sus excedentes de riqueza en vida y dejarlos a su muerte para usos públicos. Se señaló que, en muchos casos, estos legados se convierten en meros monumentos de la locura de los testadores; que la cantidad de bien real hecho por donaciones póstumas era ridículamente desproporcionada en relación con las sumas así dejadas. La reciente decisión sobre el testamento del Sr. Tilden, del que se dice que fue redactado por el más hábil de los abogados, y el fracaso parcial de los propósitos del Sr. Williamson[16] con respecto a la gran escuela técnica que ese millonario pretendía establecer en Filadelfia, son, de hecho, lecciones para los ricos que solo legan.

16 Isaiah Vansant Williamson (1803-1889): Comerciante, inversor y filántropo estadounidense. En 1888, con una dotación de dos millones de dólares, fundó la Williamson Free School of Mechanical Trades como una «escuela donde todos los niños pudieran aprender algún oficio sin costo alguno». Hoy, la escuela —situada cerca de Filadelfia, en Media, Pensilvania— se conoce como Williamson College of the Trades.

El objetivo del primer artículo era, pues, llegar a la conclusión de que solo hay un modo correcto de utilizar las enormes fortunas, a saber, que sus poseedores las administren de vez en cuando durante su propia vida para promover el bien permanente de las comunidades de las que se han obtenido. Se sostenía que el sentimiento público pronto diría de alguien que muriera poseyendo millones de riquezas disponibles que podría haber administrado: «El hombre que muere así de rico, muere deshonrado».

El propósito de este artículo es presentar algunos de los mejores métodos para cumplir con este deber de administrar la riqueza excedente para el bien del pueblo. El primer requisito para que el millonario que ha aceptado el evangelio que lo proclama solo fiduciario del excedente que le llega haga un buen uso de la riqueza, es cuidar de que el fin para el que lo gasta no tenga una tendencia degradante y pauperizadora sobre sus receptores, y que su fideicomiso sea administrado de tal manera que estimule a los mejores y más ambiciosos pobres de la comunidad a realizar mayores esfuerzos para su propio mejoramiento. No es a los indigentes irredentos, desamparados e inútiles a quienes es verdaderamente beneficioso o benévolo tratar de alcanzar y mejorar. Para ellos existe el refugio proporcionado por la ciudad o el Estado, donde pueden ser albergados, alimentados, vestidos y mantenidos en una existencia confortable, y —lo más importante de todo— donde pueden ser aislados de los pobres industriosos y de bien hacer, que pueden ser desmoralizados por el contacto con estos desafortunados. Un hombre o una mujer que logra vivir cómodamente mendigando es más peligroso para la sociedad y un mayor obstáculo para el progreso de la humanidad que una veintena de socialistas palabreros. El administrador individual de los excedentes de riqueza tiene a su cargo a los industriosos y ambiciosos; no a los que necesitan que todo se haga por ellos, sino a los que, siendo los más ansiosos y capaces de ayudarse a sí mismos, merecen y se beneficiarán de la ayuda de los demás y de la ampliación de sus oportunidades a manos de los ricos filantrópicos.

Hay que recordar siempre que uno de los principales obstáculos con que tropieza el filántropo en sus esfuerzos por hacer un bien real y permanente en este mundo es la práctica de la donación indiscriminada; y el deber del millonario es decidirse a dejar de donar a objetos que no se demuestre claramente a su satisfacción que lo merecen. Debe recordar la creencia del Sr. Rice de que novecientos cincuenta de cada mil dólares que se destinan hoy a la llamada caridad sería mejor tirarlos al mar. Hasta dónde llega mi experiencia con los ricos, no es necesario instarles a dar de su superabundancia en la llamada caridad. Se logrará un mayor bien para la sociedad induciéndoles a dejar de dar impulsiva y perjudicialmente. Por regla general, los pecados de los millonarios a este respecto no son de omisión, sino de comisión, porque no se toman tiempo para pensar, y sobre todo porque es mucho más fácil dar que rechazar. Los que tienen excedentes de riqueza dan cada año millones que producen más mal que bien, y que realmente retardan el progreso del pueblo, porque la mayoría de las formas en boga hoy para beneficiar a la humanidad solo tienden a difundir entre los pobres un espíritu de dependencia de las limosnas, cuando lo esencial para el progreso es que se inspiren para depender de sus propios esfuerzos. El millonario avaro que atesora su riqueza hace menos daño a la sociedad que el millonario descuidado que despilfarra la suya imprudentemente, aunque lo haga bajo el manto de la caridad sagrada. El hombre que da a un mendigo comete una grave ofensa, pero hay muchas sociedades e instituciones que solicitan limosna y cuya ayuda no es menos perjudicial para la comunidad. Estas son tan corruptoras como los mendigos individuales. En la *Moralia* de Plutarco está la siguiente lección: «A un mendigo que pedía limosna a un lacedemonio, este le dijo: "Pues bien, si yo te doy algo, tú serás el mendigo más grande, pues el que primero te dio dinero te hizo ocioso, y es la causa de este modo de vivir tan bajo y deshonroso"». Según los conozco, hay pocos millonarios, muy pocos, de hecho, que estén libres de este pecado de haber hecho mendigos.

Teniendo en cuenta estas consideraciones, tratemos de presentar algunos de los mejores usos a los que un millonario puede dedicar los excedentes de los que debe considerarse a sí mismo solo como el fideicomisario.

PRIMERO — La fundación de una universidad por parte de hombres enormemente ricos, que necesariamente deben ser pocos en cualquier país, es un hecho aparte. Tal vez la mayor suma jamás donada por un individuo para cualquier propósito es el regalo del senador Stanford, que se compromete a establecer en la costa del Pacífico, donde amasó su enorme fortuna, una universidad completa, que se dice que implica el gasto de diez millones de dólares, y en la que se puede esperar que done veinte millones de su superávit. Es digno de envidia. Dentro de mil años, algún orador, hablando de sus elogios en las entonces abarrotadas costas del Pacífico, podrá repetir el elogio de Griffith sobre Wolsey: «En el otorgamiento fue muy principesco: siempre testigo para él de esta gran sede del aprendizaje». He aquí un noble uso de la riqueza.

Tenemos muchas instituciones de este tipo, Hopkins,[17] Cornell,[18] Packer[19] y otras, pero la mayoría de ellas solo han sido legadas, y es imposible elogiar a un hombre por dejar simplemente lo que no puede llevarse consigo. Cooper, Pratt, Stanford y otros de esta clase merecen el crédito y la admiración de sus compañeros, tanto por el tiempo y la atención prestada durante sus vidas como por su gasto en sus respectivos monumentos.

17 Johns Hopkins University, en Baltimore, Maryland, inaugurada en 1876 gracias al legado de siete millones de dólares del filántropo Johns Hopkins (1795-1873).

18 Cornell University, en Ithaca, Nueva York, fundada en 1865 por el filántropo Ezra Cornell (1807-1874) y el educador Andrew Dickson White (1832-1918).

19 Lehigh University, en Bethlehem, Pensilvania, fundada en 1865 por el pionero industrial, empresario y filántropo Asa Packer (1805-1879).

No podemos tener en mente la costa del Pacífico sin recordar otra importante obra de carácter diferente que se ha establecido recientemente allí, el Observatorio Lick.[20] Si algún millonario estuviera interesado en el ennoblecedor estudio de la astronomía —y debería haberlos y los habría si prestaran al tema la más mínima atención—, aquí tenemos un ejemplo que bien podría seguirse, ya que el progreso realizado en los instrumentos y aparatos astronómicos es tan grande y continuo que cada pocos años podría donarse juiciosamente un nuevo telescopio a uno de los observatorios de este continente, siendo el último siempre el más grande y el mejor, y seguro de llevar cada vez más lejos el conocimiento del universo y de nuestra relación con él aquí, en la Tierra. Entre las muchas buenas acciones del difunto Sr. Thaw,[21] de Pittsburgh, cabe mencionar su constante apoyo al observatorio de esa ciudad. Este observatorio permitió al profesor Langley[22] hacer sus maravillosos descubrimientos. El profesor está ahora al frente de la Smithsonian Institution, digno sucesor del profesor Henry. Con él estaba relacionado el Sr. Brashear,[23] de Pittsburgh, cuyos instrumentos se encuentran en la mayoría de los principales observatorios del mundo. Era un simple constructor de molinos, pero el

[20] El Observatorio Lick, fundado gracias a un inmenso legado del empresario inmobiliario James Lick (1796-1876), está situado en la cima del monte Hamilton, California, a unos 32 kilómetros al este de San José. Empezó a funcionar en 1888 como parte de la Universidad de California, convirtiéndose ahora en uno de los principales emplazamientos de los Observatorios de la Universidad de California (UCO).

[21] William Thaw (1818-1889): Líder industrial y filántropo de Pittsburgh.

[22] Samuel Pierpont Langley (1834-1906): Astrónomo, físico e inventor estadounidense en el ámbito de la aviación, fue director del Observatorio de Allegheny a partir de 1867 y secretario de la Smithsonian Institution en 1887.

[23] John Brashear (1840-1920): Científico estadounidense y fabricante de telescopios e instrumentos científicos de precisión, tuvo una gran de fama internacional.

Sr. Thaw reconoció su genio y fue su principal apoyo durante los días difíciles. Este obrero común ha sido nombrado profesor por uno de los organismos científicos más importantes del mundo. Al emplear parte de sus excedentes en ayudar a estos dos hombres ahora famosos, el millonario Thaw realizó una noble labor. Sus trabajos conjuntos han dado un gran crédito a su país en todos los centros científicos del mundo, y están destinados a darlo aún mayor.

Está reservado a muy pocos fundar universidades y, de hecho, no existe el uso para muchas, o tal vez ninguna, universidad nueva. En lo sucesivo, se conseguirá más bien ampliando las ya existentes. Pero en este departamento queda un amplio campo para el millonario, a diferencia del Creso[24] entre los millonarios. Las donaciones a la Universidad de Yale han sido muchas, pero hay mucho espacio para otras. La Escuela de Bellas Artes, fundada por el Sr. Street, la Escuela Científica Sheffield, dotada por el Sr. Sheffield, y el fondo del profesor Loomis para el observatorio, son buenos ejemplos. El edificio para lectura y recitación de la Sra. C. J. Osborne debe considerarse con especial placer por ser el sabio regalo de una mujer. La Universidad de Harvard no ha sido olvidada; pueden citarse el Museo Peabody y las salas de Wells, Matthews y Thayer. Sever Hall[25] merece una mención especial, ya que demuestra lo que un genio como Richardson podía hacer con la pequeña suma de cien mil dólares. La Universidad de Vanderbilt,[26] en Nashville, Tennessee, puede mencionarse

[24] Famoso por su gran riqueza, Creso fue el último rey de Lidia (entre el 560 y el 546 a. C.), derrotado por Ciro el Grande.

[25] Construido entre 1878 y 1880, el Sever Hall, edificio académico de la Universidad de Harvard, fue diseñado por el eminente arquitecto estadounidense Henry Hobson Richardson (1838-1886). Considerada una de las obras maestras de Richardson, se encuentra en Harvard Yard, y fue declarado Monumento Histórico Nacional en 1970.

[26] En la primavera de 1873, el magnate estadounidense del ferrocarril y los barcos de vapor Cornelius Vanderbilt (1794-1877) hizo la donación de un millón de dólares, fundando así la Universidad de Vanderbilt.

como un verdadero producto del evangelio de la riqueza. Fue establecida por miembros de la familia Vanderbilt durante sus vidas —fíjense en esta característica vital—; pues nada vale lo que un hombre deja a su muerte. Tales fondos son arrancados de él, no dados por él. Si algún millonario no sabe cómo lograr un bien grande e indiscutible con su excedente, aquí hay un campo que nunca puede ser ocupado completamente, porque las necesidades de nuestras universidades aumentan con el desarrollo del país.

SEGUNDO — El resultado de mi propio estudio de la pregunta «¿Cuál es el mejor regalo que se puede hacer a una comunidad?» es que una biblioteca gratuita ocupa el primer lugar, siempre que la comunidad la acepte y la mantenga como una institución pública, tan parte de la propiedad de la ciudad como sus escuelas públicas, y, de hecho, un complemento a estas. Es posible, sin duda, que mi propia experiencia personal me haya llevado a valorar una biblioteca gratuita más allá de cualquier otra forma de beneficencia. Cuando yo era niño en Pittsburgh, el coronel Anderson,[27] de Allegheny —nombre que nunca puedo pronunciar sin sentimientos de devota gratitud— abrió su pequeña biblioteca de cuatrocientos libros a los muchachos. Todos los sábados por la tarde acudía él mismo a su casa para intercambiar libros. Nadie más que quien lo ha sentido puede saber el intenso anhelo con que se esperaba la llegada del sábado para tener un libro nuevo. Mi hermano y el señor Phipps,[28] que han

[27] James Anderson (1785-1861): Próspero fabricante de Allegheny, Pensilvania, y fundador de las bibliotecas gratuitas en el oeste de Pensilvania. Carnegie fue uno de los jóvenes a los que el coronel Anderson abría su biblioteca privada de cuatrocientos volúmenes los sábados por la tarde, a la vez que ejercía de bibliotecario.

[28] Henry Phipps, Jr. (1839-1930): Fabricante y filántropo estadounidense. Las familias Phipps y Carnegie eran vecinas en la ciudad de Allegheny, y Henry Phipps llegaría a ser socio de Carnegie en varias empresas, incluida la Carnegie Steel Company. Entre sus primeras donaciones filantrópicas, se

sido mis principales socios comerciales a lo largo de la vida, compartieron conmigo la preciosa generosidad del coronel Anderson, y fue al deleitarme con estos tesoros cuando resolví que, si alguna vez me llegaba la riqueza, la emplearía en fundar bibliotecas gratuitas, para que otros niños pobres pudieran recibir oportunidades similares a las que nosotros debíamos a aquel noble hombre.

Gran Bretaña ha sido la primera en apreciar el valor de las bibliotecas gratuitas para su población. El Parlamento aprobó una ley que permitía a los pueblos y ciudades establecerlas y mantenerlas como instituciones municipales, y siempre que la población de cualquier pueblo o ciudad votara a favor de aceptar las disposiciones de la ley, se autorizaba a las autoridades a gravar a la comunidad con un impuesto de un penique por libra de tasación. La mayoría de las ciudades ya cuentan con bibliotecas gratuitas en virtud de esta ley. Muchas de ellas son donaciones de hombres ricos, cuyos fondos se han utilizado para la construcción y, en algunos casos, también para los libros, ya que se exige a las comunidades que mantengan y desarrollen las bibliotecas; y a esta característica atribuyo la mayor parte de su utilidad. Una institución dotada de fondos puede convertirse en presa de una camarilla. El público deja de interesarse por ella o, mejor dicho, nunca adquiere interés por ella. Se ha violado la regla que obliga a los beneficiarios a ayudarse a sí mismos. Se ha hecho todo por la comunidad en lugar de ayudarla a ayudarse a sí misma.

Se han establecido muchas bibliotecas gratuitas en nuestro país, pero ninguna que yo conozca con tanta sabiduría como la Biblioteca Pratt, de Baltimore. El Sr. Pratt entregó a la ciudad de Baltimore un millón de dólares, exigiéndole el pago del 5 % anual, lo que equivale a cincuenta mil dólares al año, que se dedicarán al mantenimiento y desarrollo de la biblioteca y sus sucursales. Durante el año pasado, se

---

encuentran baños públicos, salas de lectura, patios de recreo e invernaderos en los parques de Allegheny y Pittsburgh.

distribuyeron 430.217 libros; 37.196 personas de Baltimore están registradas en los registros como lectores; y es seguro decir que los 37.000 frecuentadores de la Biblioteca Pratt tienen más valor para Baltimore, para el Estado y para el país que todos los inertes, perezosos y desesperadamente pobres de toda la nación. Además, puede decirse sin temor a equivocarse que, al poner al alcance de 37.000 aspirantes libros que ansiaban obtener, el Sr. Pratt ha hecho más por el verdadero progreso del pueblo que todas las contribuciones de todos los millonarios y ricos para ayudar a los que no pueden ayudarse a sí mismos. El único sabio administrador de sus excedentes ha vertido su corriente fertilizadora sobre un suelo que estaba preparado para recibirla y devolverla centuplicada. Los muchos despilfarradores no solo han vertido sus arroyos en tamices que nunca podrán llenarse, sino que han hecho algo peor: los han vertido en cloacas estancadas que engendran las enfermedades que afligen al cuerpo político. Y esto no es todo. El millón de dólares del que el señor Pratt ha hecho un uso tan grandioso es algo, pero hay algo aún mayor. Cuando se inauguró la quinta sucursal de la biblioteca en Baltimore, el orador dijo:

> Sea lo que fuere lo que se haya hecho en estos cuatro años, tuvo el placer de reconocer que mucho, muchísimo, se debió al sincero interés, a los sabios consejos y a las sugerencias prácticas del Sr. Pratt. Nunca le pareció que la mera donación de grandes riquezas en beneficio de sus conciudadanos fuera todo lo que se le pedía, sino que sabiamente trabajó para que su aplicación fuera lo más amplia y eficaz posible. Así, aligeró constantemente cargas que a veces eran muy pesadas, trajo buen ánimo y sol brillante cuando las nubes revoloteaban por el cielo, e hizo sentir a cada funcionario y empleado que el buen trabajo era apreciado, y que la devoción leal al deber recibiría un elogio sincero.

Este es el mejor retrato que he visto de la clase millonaria. Pratt es el discípulo ideal de *El evangelio de la riqueza*. No debemos temer que la masa de los trabajadores no reconozca en él a sus mejores líderes y a sus más valiosos aliados; porque el problema de la pobreza y la riqueza, del empleador y el empleado, estará prácticamente resuelto siempre que el tiempo de unos pocos se dedique, y su riqueza se administre durante sus vidas, para el mejor bien de aquella porción de la comunidad que no ha sido cargada por las responsabilidades que acompañan a la posesión de la riqueza. Cuando llegue ese día, no habrá antagonismo entre las clases, porque el alto y el bajo, el rico y el pobre, serán realmente hermanos.

Ningún millonario se equivocará mucho en su búsqueda de una de las mejores formas para el uso de sus excedentes que elija establecer una biblioteca gratuita en cualquier comunidad que esté dispuesta a mantenerla y desarrollarla. Las palabras de John Bright[29] deberían resonar en su oído: «Es imposible para cualquier hombre otorgar un mayor beneficio a un joven que darle acceso a los libros en una biblioteca gratuita». En estrecha relación con la biblioteca y, en la medida de lo posible, anexa a ella, debería haber salas para una galería de arte y un museo, y un salón para conferencias e instrucción como el que se ofrece en la Cooper Union. El viajero en el continente se sorprende al encontrar que cada ciudad de importancia tiene su galería de arte y museo; estos pueden ser grandes o pequeños, pero, en cualquier caso, cada uno tiene un receptáculo para los tesoros de la localidad, que está constantemente recibiendo valiosos regalos y legados. La biblioteca gratuita y la galería de arte de Birmingham son notables entre ellas y, de vez en cuando, un hombre rico aumenta su valor regalando libros, bellos cuadros u otras obras de arte. Todo lo que nuestras ciudades necesitan para empezar es un edificio adecuado a prueba de incendios. Los ciudadanos que viajen le enviarán objetos raros y costosos de todos los rincones del mundo que visiten, mientras que los que se queden en casa le donarán

[29] John Bright (1811-1889): Político y orador cuáquero, figura clave del radicalismo británico del siglo XIX.

o legarán sus tesoros. De este modo, estas colecciones irán creciendo hasta que nuestras ciudades puedan presumir de exposiciones permanentes de las que sus propios ciudadanos obtendrán un beneficio incalculable y que estarán orgullosos de mostrar a los visitantes. El Museo Metropolitano de Arte[30] de esta ciudad es un excelente punto de partida. He aquí otra vía para el uso adecuado del excedente de riqueza.

TERCERO — Tenemos otro departamento importantísimo en el que pueden emplearse dignamente grandes sumas: la fundación o ampliación de hospitales, facultades de medicina, laboratorios y otras instituciones relacionadas con el alivio del sufrimiento humano y, especialmente, con la prevención, más que con la curación de los males humanos. No hay peligro de empobrecer a una comunidad al dar para tales propósitos, porque tales instituciones alivian dolencias temporales o albergan solo a aquellos que son inválidos sin esperanza. ¿Qué mejor regalo que un hospital puede hacerse a una comunidad que carece de él? Si ya existen instalaciones hospitalarias, no hay mejor manera de utilizar el excedente de riqueza que añadiéndolas. La donación por parte del difunto Mr. Vanderbilt[31] de medio millón de dólares al departamento médico del Columbia College para un laboratorio químico fue uno de los usos más sabios posibles de la riqueza. Ataca la prevención de la enfermedad penetrando en sus causas. Otros han creado laboratorios de este tipo, pero su necesidad sigue siendo grande.

[30] El Museo Metropolitano de Arte de Nueva York, «MET», fue fundado el 13 de abril de 1870, con el propósito de establecer y mantener en dicha ciudad un museo y una biblioteca de arte, de fomentar y desarrollar el estudio de las bellas artes y la aplicación de las artes a la fabricación y la vida práctica, de promover el conocimiento general de temas afines y, con ese fin, de proporcionar instrucción popular.

[31] A diferencia de su padre, William Henry Vanderbilt (1821-1885) fue un activo filántropo que hizo importantes donaciones a la Universidad de Vanderbilt y al Departamento de Medicina del Columbia College (hoy, el Colegio de Médicos y Cirujanos de la Universidad de Columbia).

Si hay un millonario en el país que no sabe qué hacer con el excedente que se le ha confiado como fideicomisario, que investigue el bien que está fluyendo de estos laboratorios químicos. Ninguna facultad de medicina está completa sin su laboratorio. Como ocurre con las universidades, sucede lo mismo con las facultades de medicina; no se necesitan nuevas instituciones, sino medios adicionales para equipar mejor las ya existentes. Las formas que pueden adoptar sabiamente las donaciones a estas instituciones son numerosas, pero probablemente ninguna sea más útil que la adoptada por el Sr. Osborn[32] cuando construyó una escuela para la formación de enfermeras en el Bellevue College. Si de todas las donaciones fluye la mitad del bien que se deriva de este sabio uso del superávit de un millonario, los más exigentes pueden darse por satisfechos. Solo aquellos que han pasado por una enfermedad prolongada y peligrosa pueden estimar en su verdadero valor el cuidado, la habilidad y la asistencia de enfermeras capacitadas. Su empleo como enfermeras ha ampliado la esfera y la influencia de la mujer. No es de extrañar que un senador de los Estados Unidos y un médico distinguido en este país por haber recibido las más altas distinciones en el extranjero encuentren a sus esposas de esta clase.

CUARTO — Los parques públicos deben ocupar el primer lugar entre las obras de beneficencia, siempre que la comunidad se comprometa a mantenerlos, embellecerlos y conservarlos intactos. Ningún hombre puede dejar un monumento más útil o más hermoso que un parque para la ciudad en la que nació o en la que ha vivido largo tiempo, ni la comunidad puede rendir un tributo más elegante al ciudadano que lo regala que dar su nombre al obsequio.

[32] William Henry Osborn (1820-1894): Magnate del ferrocarril y filántropo estadounidense que estuvo estrechamente involucrado con la Sociedad de Nueva York para el Alivio de los Lisiados y Tullidos y la Escuela de Capacitación para Enfermeras en el Hospital Bellevue.

Si ya se ha creado un parque, todavía hay lugar para muchos regalos juiciosos relacionados con él. El Sr. Phipps, de Allegheny, ha donado invernaderos al parque, que son visitados por muchas personas todos los días de la semana y abarrotados por miles de trabajadores todos los domingos, ya que, con rara sabiduría, ha estipulado como condición de la donación que estos estén abiertos los domingos. El resultado de su experimento ha sido tan gratificante que está justificado que los aumente con sus excedentes, como está haciendo en gran medida este año. A cualquier amante de las flores entre los ricos le recomiendo un estudio de lo que es posible que hagan en la línea del ejemplo del Sr. Phipps; y que, por favor, tomen nota de que el Sr. Phipps es un donante sabio, además de liberal, ya que requiere que la ciudad mantenga estos invernaderos, y así les asegura para siempre la propiedad pública, el interés público y la crítica pública de su gestión. Si se hubiera comprometido a gestionarlos y mantenerlos, es probable que nunca se hubiera despertado el interés popular por la donación.

Los parques y zonas de recreo de las pequeñas ciudades europeas no son menos sorprendentes que sus bibliotecas, museos y galerías de arte. Durante nuestros recientes viajes, no vimos nada más agradable que la ladera de Bergen, en Noruega. Ha sido convertida en uno de los más pintorescos parques de recreo; fuentes, cascadas, pérgolas, bellas terrazas y estatuas adornan lo que antes era una árida ladera. He aquí un campo digno de estudio por parte del millonario que quiera conferir un beneficio duradero a sus semejantes. Otro bello ejemplo del uso correcto de la riqueza para hacer las ciudades cada vez más atractivas lo encontramos en Dresde. El propietario del periódico más importante de la ciudad legó sus ingresos para siempre a la ciudad, con el fin de embellecerla. Un comité de arte decide, de vez en cuando, qué nueva característica artística debe introducirse, o qué horrible característica debe cambiarse, y a medida que se acumulan los ingresos, se gastan en esta dirección. Así, gracias a la donación de este patriótico propietario de periódico, su ciudad natal de Dresde se está convirtiendo rápidamente en uno de los lugares más artísticos de todo el mundo. Una vez terminada una obra, corresponde a la ciudad mantenerla para siempre. ¿Me disculpan si recomiendo a nuestros millonarios propietarios de periódicos el ejemplo de su colega en la capital de Sajonia?

En los países más antiguos, casi ninguna ciudad de cierta magnitud carece de estructuras y elementos de gran belleza. Se ha gastado mucho en ornamentos, decoraciones y efectos arquitectónicos: estamos todavía muy atrasados en estas cosas a este lado del Atlántico. Nuestra República es grande en algunas cosas, en el desarrollo material no tiene rival; pero recordemos siempre que en el arte y en los toques más finos apenas hemos ocupado un lugar. Si el exquisito arco conmemorativo recientemente erigido temporalmente en Nueva York se hubiera mostrado en Dresde, el comité de arte de esa ciudad probablemente habría podido, gracias a los ingresos del periódico donados por su propietario precisamente para esos fines, ordenar su erección permanente para adornar la ciudad para siempre.

Si bien el otorgamiento de un parque a una comunidad como uno de los mejores usos para el excedente de riqueza será universalmente aprobado, al abarcar adiciones al mismo como invernaderos, o al abogar por la construcción de arcos conmemorativos y obras de adorno, es probable que muchos piensen que vamos demasiado lejos, y consideren esto algo fantasioso. Puede que el bien material que se derive de ellos no sea tan directamente visible; pero no dejemos que ninguna mente práctica, preocupada solo por el bien material, deprecie el valor de la riqueza que se da para estos fines o para fines estéticos similares, por ser inútil en lo que concierne a la masa del pueblo y a sus necesidades. Como ocurre con las bibliotecas y los museos, así ocurre con las obras artísticas más distintivas; estas cumplen su gran función cuando llegan a lo mejor de las masas populares. Vale más alcanzar y conmover el sentimiento de la belleza en las mentes naturalmente brillantes de esta clase que complacer a aquellos incapaces de ser conmovidos. Porque lo que el mejorador de la humanidad debe esforzarse por hacer es llegar a aquellos que tienen la chispa divina tan débilmente desarrollada, para que pueda fortalecerse y crecer. Por mi parte, creo que el Sr. Phipps hizo un mejor uso de su dinero, dando a los trabajadores de Allegheny invernaderos llenos de hermosas flores, orquídeas y plantas acuáticas, que ellos, con sus esposas e hijos, pueden disfrutar en sus horas libres, y en los que pueden alimentar el amor por lo bello, que si hubiera dado su excedente de dinero para proporcionarles pan, porque aquellos con salud que no pueden ganarse el pan son apenas dignos de consideración por el donante individual; el cuidado de ellos es el deber del Estado. El hombre que erige en una ciudad un arco, una estatua o una fuente verdaderamente artísticos hace un sabio uso de su excedente. «No solo de pan vive el hombre».[33]

QUINTO — Tenemos otro buen uso para el excedente de riqueza, en proporcionar a nuestras ciudades salas adecuadas para reuniones de todo tipo, especialmente para conciertos de música elevada. Nuestras ciudades rara vez están provistas de salas para estos fines, estando en este aspecto también muy por detrás de las ciudades europeas. El Springer Hall, de Cincinnati, esa valiosa adición a la ciudad, fue en gran parte el regalo del Sr. Springer,[34] que no se contentó con legar fondos de su patrimonio al morir, sino que donó durante su vida, y, además, dedicó —lo que era igualmente importante— su tiempo y capacidad empresarial para asegurar los resultados exitosos que se han logrado. La donación de un ayuntamiento a cualquier ciudad que carezca de él es un

[33] Mt 4, 4.

[34] Reuben R. Springer (1800-1884): Empresario y filántropo de Cincinnati. Fue uno de los principales benefactores de la Escuela Superior de Música de la ciudad (hoy Conservatorio de Música de Cincinnati) y de su mundialmente famoso Music Hall. Hombre modesto, Springer se negó a que ninguna de las dos instituciones llevara su nombre.

excelente uso del excedente de riqueza para el bien de una comunidad. La razón por la que la gente solo tiene un entretenimiento instructivo y elevador, o incluso divertido, cuando una docena sería altamente beneficiosa, es que el alquiler de una sala, incluso cuando existe una sala adecuada (lo cual es raro), es tan grande que impide a los administradores correr el riesgo del fracaso financiero. Si cada ciudad de nuestro país poseyera una sala que pudiera ser cedida o alquilada por una pequeña suma para las reuniones que un comité o el alcalde de la ciudad juzgaran ventajosas, el pueblo podría disponer de conferencias, diversiones y conciertos adecuados a un costo sumamente reducido. Los ayuntamientos de las ciudades europeas, muchos de los cuales tienen órganos, son de un valor inestimable para el pueblo, cuando se utilizan de la manera sugerida. Que nadie subestime la influencia de los entretenimientos de carácter elevador o incluso divertido, pues contribuyen en gran medida a hacer más feliz la vida de la gente y a mejorar su naturaleza. Si algún millonario nacido en una pequeña aldea, que ahora se ha convertido en una gran ciudad, se siente impulsado en el día de su éxito a hacer algo por su lugar de nacimiento con parte de su excedente, su agradecido recuerdo no puede tomar una forma más útil que la de un salón público con un órgano, siempre que la ciudad acepte mantenerlo y utilizarlo.

SEXTO — En otro aspecto estamos todavía muy por detrás de Europa. Una forma de beneficencia que no es infrecuente allí es proporcionar baños para el pueblo. Los donantes de estos baños han sido lo suficientemente sabios como para exigir a la ciudad beneficiada que los mantenga a sus expensas, y como prueba del argumento de que nunca debe hacerse todo por nadie ni por ninguna comunidad, sino que los receptores deben ser invariablemente llamados a hacer una parte, es significativo que se considere esencial para el éxito popular de estos establecimientos saludables el exigir una tarifa nominal por su uso. En muchas ciudades, sin embargo, los escolares son admitidos gratuitamente a horas fijas en ciertos días, fijándose horas diferentes para que los chicos y las chicas utilicen los grandes baños de natación, fijándose también horas o días para el uso de estos baños por las señoras. En las ciudades del interior se enseña a nadar a los jóvenes de ambos sexos. Se organizan clubes de natación y son frecuentes los partidos en los que se conceden medallas y premios. Los informes publicados por los diversos baños de toda Gran Bretaña están llenos de ejemplos de vidas salvadas porque aquellos que, afortunadamente, escaparon de un naufragio, habían sido enseñados a nadar en los baños, y no se dan pocos casos en los que los alumnos de ciertos establecimientos de baño han salvado las vidas de otros. Si cualquier discípulo de *El evangelio de la riqueza* dota a su ciudad favorita de grandes baños privados y de natación (siempre que el municipio asuma su gestión como un asunto de la ciudad), nunca se le pedirán cuentas por un uso inadecuado de los fondos que se le han confiado.

SÉPTIMO — Las iglesias como campos para el uso del excedente de riqueza se han reservado a propósito para el final, porque, siendo estas sectarias, cada hombre se regirá por sus propios apegos; por lo tanto, las donaciones a las iglesias, puede decirse, no son, en un sentido, donaciones a la comunidad en general, sino a clases especiales. Sin embargo, cada millonario puede conocer un distrito donde la pequeña estructura de madera, barata, incómoda y totalmente indigna, se alza en el cruce de caminos, a la que todo el vecindario acude los domingos, y que es el centro de la vida social y la fuente del sentimiento de vecindad. El administrador de la riqueza ha hecho un buen uso de parte de su excedente si sustituye ese edificio por una estructura permanente de ladrillo, piedra o granito, por cuyos lados puedan trepar la madreselva y la columbina, y desde cuya torre pueda sonar la campana de dulce tañido. El millonario no debe pensar en lo barata que puede ser la construcción de esta estructura, sino en lo perfecta que puede ser. Si tiene el dinero, debería ser una joya, porque la influencia educativa de un espécimen puro y noble de arquitectura, construido, como se construyeron las pirámides, para perdurar durante siglos, no se mide en dólares. La belleza y la grandeza de la iglesia influirán en el hogar, el corazón y la mente de todos los agricultores del distrito. Pero habiendo dado el edificio, el donante debe detenerse allí; el apoyo de la iglesia debe estar en su propia gente; no hay mucha religión genuina en la congregación o mucho bien que fluya de la iglesia que no sea apoyado en casa.

Podrían indicarse muchas otras vías para el sabio gasto del excedente de riqueza. Enumero solo algunos —muy pocos— de los muchos campos que están abiertos, y solo aquellos en los que pueden emplearse juiciosamente sumas grandes o considerables. Sin embargo, no es privilegio exclusivo de los millonarios trabajar o apoyar medidas que con seguridad beneficiarán a la comunidad. Todos los que no tienen más que un pequeño excedente por encima de sus necesidades moderadas pueden compartir este privilegio con sus hermanos más ricos, y los que no tienen excedentes pueden dar al menos parte de su tiempo, que suele ser tan importante como los fondos, y a menudo más. Algún día, tal vez, con su permiso, me esforzaré por señalar algunos campos y modos en los que estos pueden desempeñar bien su parte como fideicomisarios de la riqueza o del ocio, según la medida de sus respectivas fortunas.

No se espera, ni es deseable, que haya una coincidencia general en cuanto al mejor uso posible del excedente de riqueza. Para hombres diferentes y localidades diferentes, hay usos diferentes. Lo que más convenga al juicio del administrador es el mejor uso para él, pues su corazón debe estar en la obra. Es tan importante en la administración de la riqueza como lo es en cualquier otra rama del trabajo de un hombre, que este se dedique con entusiasmo a ella y sienta que en el campo seleccionado se encuentra su trabajo.

Además de esto, hay lugar y necesidad para toda clase de sabias beneficencias para el bien común. El hombre que construye una universidad, una biblioteca o un laboratorio no realiza un trabajo más útil que el que elige dedicarse a sí mismo y a sus medios excedentes para adornar un parque, reunir una colección de cuadros para el público o construir un arco conmemorativo. Todos ellos son verdaderos obreros de la viña. El único punto requerido por *El evangelio de la riqueza* es que el excedente que se acumula de vez en cuando en las manos de un hombre debe ser administrado por él en su propia vida para el propósito que él, como fideicomisario, considere mejor para el bien del pueblo. Dejar al morir lo que no se puede quitar, y hacer recaer sobre otros la carga del trabajo que era su propio deber realizar, es no hacer nada digno. Esto no requiere ningún sacrificio, ni ningún sentido del deber hacia sus semejantes.

Hubo un tiempo en que las palabras sobre la entrada del rico en el cielo se consideraban un dicho duro. Hoy, cuando todas las cuestiones son sondeadas hasta el fondo y las normas de la fe reciben las interpretaciones más liberales, el sorprendente versículo ha sido relegado a la retaguardia, a la espera de la próxima amable revisión como una de esas cosas que no pueden entenderse del todo, pero que mientras tanto —hay que observarlo cuidadosamente— no deben entenderse literalmente. Pero ¿es tan improbable que la próxima etapa del pensamiento no sea restaurar la doctrina en toda su prístina pureza y fuerza, como si estuviera en perfecta armonía con las sanas ideas sobre el tema de la riqueza y la pobreza, los ricos y los pobres, y los contrastes que se ven y deploran en todas partes? En tiempos de Cristo, es evidente que los reformadores estaban en contra de los ricos. No es menos evidente que estamos volviendo rápidamente a esa posición hoy; y no habrá nada que sorprenda al estudiante del desarrollo sociológico si la sociedad aprueba pronto el texto que ha causado tanta ansiedad: «Es más fácil que un camello entre por el ojo de una aguja que un rico entre en el reino de los cielos». Aunque la aguja fuera el pequeño batiente de las puertas, las palabras anuncian serias dificultades para los ricos. No será más que un paso para el teólogo pasar de la doctrina de que el que muere rico muere deshonrado a la que trae sobre el hombre el castigo o la privación en el más allá.

El evangelio de la riqueza no hace sino repetir las palabras de Cristo. Llama al millonario a vender todo lo que tiene y darlo en la forma más alta y mejor a los pobres, administrando él mismo su patrimonio para el bien de sus semejantes, antes de ser llamado a acostarse y descansar en el seno de la madre tierra. De este modo, llegará a su fin sin ser el innoble acaparador de millones inútiles, pobre, muy pobre, en dinero, pero rico, muy rico, veinte veces millonario todavía, en el afecto, la gratitud y la admiración de sus semejantes, y —lo que es más placentero— aliviado y sostenido por la vocecita interior que, susurrando, le dice que, porque él ha vivido, tal vez una pequeña parte del gran mundo ha mejorado solo un poco. Esto es seguro: contra tales riquezas no se encontrará barrera alguna a las puertas del paraíso.

· ALIOS · VIDI ·
· VENTOS · ALIASQVE ·
· PROCELLAS ·